뜰 앞의 배롱나무

법공 제4시집

대양미디어

法空 스님의 제 4시집 출간을 축하하며

법공 스님이 지난 20여 년간 수행을 하면서 '인연因緣'이라는 주제로 갈무리한 시편詩篇들을 『뜰 앞의 배롱나무』라는 표제를 달아 한 권의 책으로 모았다.

연전에 펴낸 『길을 묻는 푸른 바람』이 현대인들의 '상실喪失의 시간'을 노래한 것이라면, 이번에 모은 작품들은 그동안

보문사 회주
송운 현보

만행을 통해 만난 시절인연들과 공유할 수 있는 주제를 잊지 않고 천착된 자기 것으로 시가단상詩歌斷想에 올려놓았다는 것이다.

수행자들에게는 글을 쓰는 그 자체가 자기를 채찍질하며 오랜 시간 담금질하는 수행이요 방편이다. 늘 탐구하고 시간을 쪼개가며 우주의 작은 틈까지도 함께 사는 중생의 여가공간임을 그려내는 자기 성찰의 모습이 반갑고 또 사유하는 세

계가 크게 느껴진다.

부처님은 일찍이 이 세상을 이루는 모든 것을 모두 동체로 보고 '천지동근天地同根'이라는 말씀을 하셨다. 윤회輪廻의 실상에서 보면 수백생의 인연으로 나고 지고, 흙으로 돌아갔다가도 벌레도 되고 바람에 불려 계곡 웅덩이의 작은 때풀을 키우는 자양이 되기도 한다.

우리가 이 땅에서 만나고 헤어지고 작은 인연을 맺어 한동안 희로애락喜怒哀樂을 즐기다가 다시 흙으로 돌아가거나 바람이 되어 우주공간을 떠돌아다녀도 결국에는 지구의 일부분으로 남듯이 존재하는 것은 언제인가는 사라지지만 본성은 남아 흔적을 남긴다. 바로 인연의 발자국이다.

각고의 노력으로 만들어진 스님의 여러 시편들이 게송偈頌이 되고, 그 게송이 모든 사람들이 향유하는 노래가 되어 큰 울림으로 우리 세상을 밝히는 법문이 된다면 부처님 앞에 올리는 큰 공덕이 될 것이다.

법공 스님은 찬불가讚佛歌 가사집필에도 진력하여 여러 편이 음성공양 자료를 발표하였고, 장르를 불문하고 국악과 왈츠, 트로트 리듬에 가사를 올린 동요와 찬불가요도 만들었다. 문학을 매개로 한 포교자료를 개발해오는 것이다. 글을 쓰는 모든 수행자들이 이러한 자세로 교단에 한마음이 된다면 여타 종교단체가 수십여 억 원을 투입하여 제작하는 선교자료보다 큰 효과를 거두지 않을까 생각한다.

제 4시집 출간을 축하하며 바른 정견正見, 바른 목소리로 사유의 바다에서 건져 올린 많은 작품들이 일반 독자들과 불자들에게 박수를 받고 아낌과 사랑받기를 빈다.

특히, 수년전 펴낸 제2 수행시집修行詩集 『백양사의 인경소리』도 이번에 독자들의 성원에 힘입어 재판인쇄를 한다는 이야기도 들었다. 영상 매체에 밀려 종이책 시장에서도 시장성이 없다는 문예작품집들이 독자들의 사랑을 받기 위해서는 그만큼 공유하는 그들만의 세계에서 감동으로 다가와야 한다.

스님의 이번 작품집에는 어린 시절부터 불가에 대한 인연과 주변의 많은 스승들과 조우遭遇하면서 자신의 내면과 끊임없이 갈등하고 회의하면서 망설이고 방황하는 아픔과 안타까운 여정이 그려지고 있다. 10.27법란의 상황이나 정화개혁불사의 횃불이 되셨던 동암선사의 부도 탑을 찾아가는 여정은 우리 모두가 잊고 가는 발자국이기도 하다.

진실을 다시 발굴하여 역사를 다시 세우는 노력도 현대를 살아가는 작가에게는 필요하다. 더욱 정진하시어 우리 문단의 거목으로 성장하시길 기원한다.

무술(2018)년 9월 미타재일 아침에

(재)선학원 아산 **보문사** 회주

송운 현 보

차 례

제2부 **꽃무릇 피는 우리 절**

월령교를 지나며

나비춤 추며 가는 길

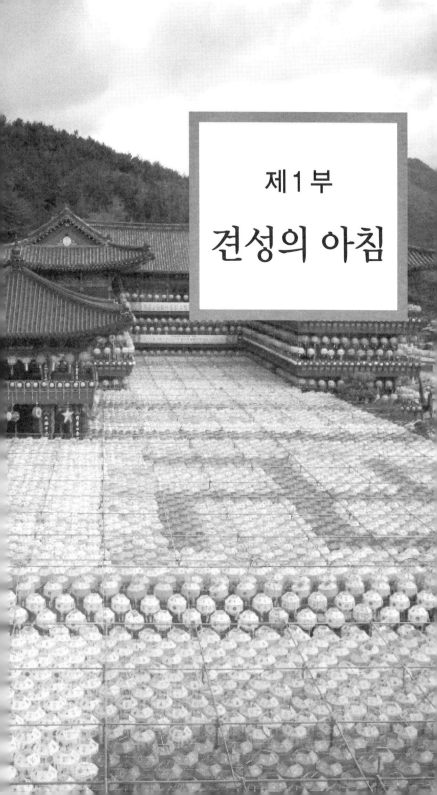

제1부

견성의 아침

와송瓦松 한 송이

폭우에 무너진 절담장
노스님 간병하는 보살님
여유도 없으셨나
휑하게 뚫린 담장 무너진 대로 보시더니
깨진 기왓장위에 촛불처럼
와송 한 송이 자라났다.

누구의 바램이 졌나
석등 안에는 불 꺼진 촛대 하나
산다람쥐 오르내리며 살피고
대숲을 불어오던 바람
깊은 절마당만 쓸고 갈뿐
고요한 하늘이다.

대웅전 지붕위에
갈잎들이 불려와 쌓이고
큰절에서 간장과 된장 짐지고 왔던 처사
총총 돌계단 내려가고
딱새 한 마리 와송 자란 기왓장에 앉아
다라니 외고 있다.

봄날 오후

스님도 졸고 있는 봄날 오후
봄철 나물 캐러
작은 소쿠리 작은 칼 덩그러니 가지고
봄볕 따라 마실 가듯 들녘에 나간 공양주
야채 씻던 우물가에
다람쥐만 쪼르르 달려와
물만 마시고 가네.

눈眼

빛이 있는 곳에
자연이 앉아있다.

눈이 있어
사물을 인식하고
눈이 있어
감동하고 추억하고
거리를 가늠한다

내게 눈이 없다면
우주도 가슴 안에만 존재할 뿐이다.

간이역

기차도 서지 않는 간이역

민들레 피는 봄이나
소나기 내리는 여름 한낮
만산홍엽 철길 따라
산을 내려오는 가을까지
졸다 깨다 간이역 지키는 만년 간수.

열차교행 신호음 듣고
일어나 차단목을 내리는 손
졸음이 깃들고
머리에 서리가 내렸다.

동행同行

낯선 길도
다른 이와 가면 외롭지 않다

다른 이가 갔던 길도
어울려 간 발자국이라도
보고 걸으면 두렵지 않다.

잡초와 나무 우거진 숲이라도
거친 바윗돌 언덕이 막아서도
그 너머를 걸어간 발자욱이
자신감을 갖게 한다.

뜻이 같고
목적이 같고
함께 추구해온 일이 같으면
마음을 알아
미지의 꿈도 함께 꾼다.

동행은 또 다른 날개이다.
힘이다.

도량석

새벽어둠 지워지기도 전에
어둠을 깨우는 소리
도량석
또르르르……똑
똑 똑 똑 똑 ……

간밤 풀잎위에 내린 이슬도
인연이요
절 마당을 헤집고 날아가는 박쥐도
오늘 만난 인연이라.

도량을 따라
은혜를 베푸신 사부대중에 감사하고
이 자리에 서서 목탁을 치는
그 인연이 고마워
법당을 돌아 일주문까지
일주문에서 절을 돌아 큰법당 어간문 앞에서
새벽을 깨운다.

오늘의 인연
다시 시작하는 문을 연다.

참새의 변명

부처님 앞에 차려놓은 공양물
언제부터인가 참새들이 찾아와 맛을 본다
차분히 앉아서 나누는 게 아니라
먹는 것인지 맛을 보는 것인지
며느리 미운 시어머니처럼
과일도 콕콕 찍어보고 밥그릇도 헤집고
그냥 콱 움켜잡아 내 던지고 싶어도
뭔 이유가 있을까 싶어 예불만 드린다.

불단에 흩어진 밥알과 나물 챙기고
향불연기만 키우는데
쪼르르 달려온 참새 두 마리
발로 차 향로의 향을 무너뜨리네.

주먹보다도 작은 참새
뭐라고 변명할까
무심코 바라보니 또록또록 눈빛 사납네.

사유의 바다를 헤쳐 온 법제자도
물끄러미 바라보고
법단위의 부처님도 그냥 바라보는 한나절
처마 밑의 물고기만 깔깔 웃고 있네.

간월암 가는 길

썰물 때 길을 따라 들어가
물들기 전에 나와야 하는 절
간월암.

간조시에는 물과 이어지고
만조시에는 섬이 되는 독특한 지형
무학대사는 무엇 가르치기 위해
이 바닷가 암반위에 암자를 지으셨을까

비우고 채움을 가르치시려나
나눔과 베풂 가르치려 하셨나
잠시라고 다른 생각에 기도염불 하다가
암자에 갇혀버리면
다음날 총총 걸어 나와야 하는 절

분별심도 내리고
작은 우주를 보기위해
여울을 따라 우는 목탁소리 들으러
우리는 간월암에 간다.

법주사 철확鐵鑊

대중공양 맛깔스럽지 않아도
함께 나누고 부처님 행사 함께 했다는 기쁨
철확에서 피어나는 수증기처럼
마음은 차지고 정성 가득했다.

부처님 오신 날이나 성도절
조상천도의 우란분재일
열반절과 출가재일
부처님 찾는 정성 가득한 발걸음
말티고개의 언덕이 닳고
정이품송
푸른 소나무 어깨를 낮췄다.

법보시의 공덕

오이도에서 횟집을 경영하시는 보살님
지장경 법보시 1만부를 성만하시고
천수경 2천권을 법보시 하셨다.

물고기를 잡아 파는
살생이 본업이라
참회의 눈물 지장경 독송으로
업장소멸 발원하고
칭명염불 100일 기도
앉은 자리 바닥이 닳고
무릎 기댄 자리 물고기를 닮았구나.

85세 인연 다해 이승 떠나던 날
화장터 화로위에 오롯이 남은 사리 128과
남모르는 공덕 얼마나 많을까
미륵부처님이 보시고
서방정토로 모셨나보다

건봉사 가는 길

군사보호구역에서 처음 해제되던 날
금강산 산자락 건봉사 찾아갔네.

역대 큰스님들 부도탑지를 돌아
돌다리 건너 풀숲 우거진 공터
계곡마다 나무에 걸린 하늘수박
주렁주렁 옛 기억을 되살리고
천막법당에는 난로의 푸른 연기 솔솔 피고 있다.

한반도 최고의 가람이 있던 자리
허물어진 당간지주 그 날의 흔적
총탄에 깨지고 포탄에 부서진 흔적들
내 이런 모습
보러 온 것 아니었는데
중창불사 서원하신 눈 밝은 스님
부처님 진신사리 친견하라 하시네.

산허리를 불어오는 황량한 바람
돌아서는 발길에 따라붙는
도꼬마리 열매들
인연 짓고 가라며 바짓가랭이 잡고 늘어지네.

거미줄을 털다가

큰법당과 지장전, 관음전, 요사채, 보문루를 돌아
일주문과 산신각 석등과 탑사
언제부터 주둔했나
거미군단의 야전군 막사

오가는 신도님들
절에 사는 대중들도 많을 진데
보고도 못 본채 하셨는가

사십구재, 천도재 오가는 영혼
거미줄에 걸리지나 않을까
장대에 싸리가지 매어들고
휘휘 거미줄 걷다보니
회주 스님 보시고 싸리장대 달라신다.

그 장대에 대롱대롱 매달린 거미들
쥐똥나무 가지위에 둥둥
감나무 가지위에 둥둥 툭툭 터시더니

"—거미들이 너한테 뭐라 하더냐?"
"—예?"

"—하루 종일 거미줄 걸고
잠자리 벌, 모기나 나비도 잡는데 너 보다 낫다."

거미보다 못한 중생
오늘도 비싼 사료만 축냈는가보다.

짚으로 엮은 멍석

50년 전 조부님이
새끼줄과 짚을 엮어 만든 멍석

마을잔치 있을 때
서로 빌려주고 빌려가고
툭툭 털어 담벼락에 매어두던 멍석

한여름에는 바깥마당에 펴고
온 식구가 저녁을 먹던
곱지 않아도 한국의 전통 카페트

장판이 보급되기 전 머슴방에는
늘 장판대신 멍석을 깔고 잤다.

짚베개와 목침 베고
풍성한 가을걷이 꿈꾸던 머슴방
긴 겨울밤에는
닭서리 밥서리도 싫증나면
도토리묵, 메밀묵, 창포묵 쑤어
허기를 달래던 문풍지 떨던 그 밤

지금은 할아버지
조부님의 꿈속에만 살아있다.

누군가 잘못하면 동네 공론을 부쳐
멍석말이로 혼을 내던 전통
용서 이 아름다운 우리의 전통문화

가끔 시골농가에서 만나는 멍석
옛 추억 간절해서
멍석 펼쳐놓고 보면
쥐들이 이빨로 쏠아 구멍 뚫어놓고
새끼를 낳고
쟁기를 얹은 시렁위에는
말벌들이 집을 짓고 노려보고 있네.

불두화佛頭花

면벽수행한 지 3년
암자의 수행자 초파일 전 날
오금을 펴고 일어섰다.

연둣빛 세상이다.

불두화 핀 돌우물 가에
금강초롱꽃이 웃는다.
사람이 반가운가
꽃등불이 반가운가

소슬바람 풍경을 흔들고
산신각 언덕에 피어난 민들레 꽃씨들
어느새 씨앗을 익혀
바람을 타고 난다.

주먹밥을 지은 부처님
불두화나무 곁에 연등을 들고 서계신다

베이비 박스

친구 중에 목회활동하다
베이비 박스 운영시설을 돕는 이가 있다.

도시 골목길 옆에 지은 2층집
따뜻한 불빛 켜놓은 영혼의 집
피치 못할 젊은이들
아기를 맡긴다

부모의 인연 거기까지일까
돌아서는 엄마 발길 무겁고
엄마 잃고 새근새근 잠자는 아기
천진한 얼굴위에 관음천모 일렁이는데

창 밖에 내린 어둠
부스스
아침 열 준비를 하네.

화두話頭와 참구參究

수행자여 화두를 들지 마라
무문관은 무너지고
화장세계는 열려 있으니
견성위해 참구하라

역대조사 선지식께서
이미 오래전 가르치고 깨달은 지혜
수만 수천 지혜경이
오롯이 내 손에 들려있거늘
초발심 무엇이 부처인가?

사바세계의 짧디 짧은 인연
묵언수좌면 어떻고
성불한 부목이면 어떤가

구족계 받아들고
운수납자 만행의 길 수십 년
아직도 법당 지키며
기도발원 집전하는 스님

내가 갈길 환하게 열려 있어도
화두를 들라
이제 초발심 내고 깎은 머리 아직 푸른데
자비심으로 나를 가르치네.

견성의 아침

간절히 참구하면 혜안 열릴까
큰스님은 공안만을 참구하라
이르시고
등짝 무너지도록 죽비로 치셨네.

맞아도 맞은 것 같지 않고
선잠에서 깬 나한상
온몸을 비틀어 내 형상 따라 앉는데
하늘하늘 풍경소리
깔깔대며 대숲의 참새들 따라가네.

호흡도 가다듬고
눈물이 날 정도로 간절하고
중단 없이 계속하라

이슬은 마르고
어제의 태양 다시 떠서
나의 모습 보고 웃는데
죽비소리가 부처의 환청을 깨우고 있네.

산죽나무 조청

해남 미황사 큰절
공양주 산죽 잎을 끓여 조청을 굽는다.

대상포진으로 식음 전폐하신 노스님
인절미 한 접시로 일어나시게 한
산죽나무 조청

통증으로 잠 못 이루는 스님 곁에
아기에게 젖 물리듯
미음도 쑤어 드리고
잣도 달아드렸지만 혼수상태로
계시던 노스님
산죽나무 조청 물에 개어 드시고
일어 나셨지.

꼬박 이틀 밤을 새우며 군
푸르다 못해 누런 조청 한 그릇
법문을 여는 힘이 되었다.

웃는 얼굴

얼마나 즐거워야
얼굴에 웃음이 피고
얼마나 슬퍼야 눈물을 지어낼까

살아오는 동안 가슴으로 울던 일
마음속에 삭힌 분노
함께하는 동안 의지하던 마음
어느 날 덩그러니 혼자 있을 때
소슬바람처럼 가슴 한켠을 스치고 가는 바람
그것이 외로움이라는 걸 알게 될 때
내 그림자를 밟고 선 나를 보게 되지.

다시 거스를 수 없는 세월
그 젊은 시절의 향기
연초록 잎돋는 계절이면
다시금 느끼고 미소 짓게 되지.

내가 지금 뭘 하고 있는 걸까?
하늘 울타리 밖에
푸른 억새꽃 담을 두르고

바람소리로 울어도 듣지 못할 외로움
그때 소리 없이 웃는 거야.

가슴에 안기는 향기가 없더라도
익어가는 수수밭의 수수알처럼
보기만 해도 풍성한 계절
노을처럼 아름다운 웃는 얼굴을
만들고 싶네.
사랑하고 싶네.

큰스님의 고민

만행길에 뱀에게 물린 박새새끼
가까스로 구해
지극정성으로 한 계절 길렀더니
큰스님을 부모처럼 따르고 난다.

법당으로 가시면
법당까지 포르릉 누구도 무섭지 않아
부처님 법당에도 앉고
큰스님 방석위에도 앉고
마루 위 횃대는 자기 것인 양 앉아
저저구 저저구 & * @ $ ^ ## *
말도 많구나.

산으로 데리고 가 날려 보내도
다시 찾아드는 인연
큰스님의 고민
다시 시작되셨다.

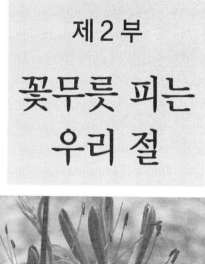

제2부
꽃무릇 피는 우리 절

가슴에 뜨는 달

기다림 충만하면 먼 포구의 불빛도
희망이요 기쁨이다.

간절한 마음 있으면
죽은 나무에서도 싹이 돋고
벼랑바위에도
나무가 자라 열매를 맺는다.

기다리면 다시 올까
돌아보면 혹시나 그 자리에
그림자라도 다시 서 있을까

지혜가 열리지 않아도
풋보리 익는 향기 느낄 수 있고
강가 비릿한 물향기로
버들가지 피는 봄을 알지.

발자국소리 여물지 않아도
꿈에는 오지 않을까
창가에 걸린 달을 끌어 가슴에 채워보네.

선재를 찾아서

53선지식을 찾아
구도여행을 떠났던 선재동자
나는 선지식이 아니라
선재동자 그림자를 찾아 떠나네.

여법한 불법의 진리
깨움과 보시의 공덕 실천하며
그림자를 밟고 가네
발자국을 따라 걷네.

나를 버리고도
따를 수 없는 자비와 희생
선재가 무심코 나를 돌아볼까
소망도 하나의 눈빛

누가 견성했는가
무엇을 견성했다고 하는가

열반한 노스님의 다비장을 지켜보아도
불꽃 명멸하고 정골사리와 뼛조각
다비장을 지켜도
돌아보는 것은 바람뿐
연기를 싣고 하늘로 돌아간 바람 그 바람
선재는 산바람으로 울기만 하네.

청동거울 · 2

금빛 하늘 속에 잠을 깬 거울속의 사람
눈 시린 그 시절의 그림자가 아니요
젖을 물고 이어온 자손이다.

거울은 그대로인데
검은 땅을 딛고 선 거울속의 사람
일렁이는 아버지와 어머니
하늘의 그림자도 본다.

중심점을 돌고 돌며
동심원으로 거울의 표면에 새긴 하늘
세월의 간극을 뛰어넘어
북소리 바람소리
그때 울던 아기울음소리도 가지고 왔다.

녹을 벗기고
거울 뒤 고리에 끈을 달아 걸어놓고
얼굴 비추니
백제의 누런 하늘도
온 나라의 아낙들이 분칠하고
머리를 올리는 아침이 보인다.

초석잠草石蠶

모양이 누에를 닮아
초석잠草石蠶이라는 이름을 얻은 알뿌리 채소

중국이나 인도에서
수행하는 스님들께 갈아서
전으로 공양음식 만들던 귀한 알뿌리

방아잎이나 산초
바나나, 망고처럼 불교와 인연지은 채소이다.

간장에 절여 반찬으로도 먹고
등창이 나면 갈아 등에 부치기도 하고
동자승의 국사발에도
누에를 닮아 징그러운 모습이지만
살생을 다스리고
깨우치게 하는 고마운 채소.

환생還生 · 1

티벳불교의 궁극적 희망 환생
인간으로 다시 태어나는 영광위해
기도와 보시, 나눔과 실천
오체투지로 자기 의지 세워 다짐한다.

미래위한 방편이요
내세의 행복을 위한 자기수행
말차 한 잔의 보시와
보릿가루떡 한 개의 나눔도
기쁨이 흐르고 감사의 정이 묻어난다.

종교적 사유와 이념 무시하고
정부가 임명한 라마교의 지도자
어느 신자들이 받들어 모실까
마을장승보다도 못한 벼슬
그게 뭐 그리 중요한가

수행자는 중생위한 헌신과 희생만 있을 진대
티벳의 정신적 스승

지금은 감옥에 가둔 11대 판첸라마
최연소 정치범.

아미타불의 화신이라도
가둬두면 바뀔까
위정자들의 오만은 히말라야 설산을 넘어
수미산에까지 이르렀다.

환생還生 · 2

전생을 기억하는 자
전생을 보는 자
동서양에 사례가 너무 많아
어떻게 살아야 할지
가슴 쓸어내리게 한다

누구에게나 약속된 미래가 아니고
누구에게나 예비된 미래가 아닌 이상
과거는 나의 허상
어찌 살아야 극락정토에 다시 날 수 있을까

윤회의 틀에서 보면
부처님께서 가르친 생사윤회는
바꿔 입는 겉옷과 같은 것
낡은 옷은 벗고 새 옷으로 갈아입는 일
환생.

여래의 본생담 예화 법문 상기하다가
다시 바라보는 나의 진면목
저승의 바닷가에서
겨우 한 마리
개똥벌레의 불빛 만난 인연이다.

혜담 스님의 원력

사경으로 10만 중생 구원하시겠다는
혜담 큰스님

부처님 복장에 안치할 금강경
천수경 금니사경 셀 수 없고
반야심경 쓰신 한지 분량 얼마이던가

오며 가며 만나는 인연
한 벌 두 벌 주시다가
이제는 주련과 현판, 이정표가 될
사찰이름을 쓰시네.

부처님의 집 알리는 현판
낡고 부스러지고 벌들이 뚫은 현판을
쓰고 또 쓰고
후학위해 한마디 법문보다도
오롯이 남는 부처님의 법향.

누님의 죽음

일찍 부모님 여의고
이모님께 의탁하며 지내던 속가의 인연
내게 한 분 어머니와 같던
누님이 계셨다.

가난과 배움 간절했던 시절
식모처럼 허드렛일부터 배우시고
스님이 된 동생위해
기도와 연민으로 사시던 누님

어릴 때 고생 탓일까
늘 병약하여 자리보전 하시더니
주말아침 세상 떠나셨다.

많은 세월 뵙지 못한 아쉬움
스님 내 죽으면
꼭 한 번 왔다가요
응? 꼭~ 아셨죠?
소원 아닌 유언이 되신 말씀
두 손 꼭 잡고 한참을 눈물만 흘리시던

마지막 누이 모습

집과 절도 없는 동생
부음을 받고도 정신 혼미하여 가슴으로 울 때
이게 웬일인가
큰스님의 속가누님도 세상을 떠나셨다네.

절을 누가 지킬까
누가 지고 갈 절도 아니거늘
마지막 말씀 너무도 간절해서
가시는 길 정성으로 보내드리고자
허허로운 발자국 찍으며 일주문 나섰다네.

누구나 한 번은 가야 할 길
금강경 읽는 내 앞에
문득 회오리바람으로 찾아온
불타는 누님의 냄새
홀로 남겨진 동생
다시 확인하고 싶었던 것일까

부도탑에 절을 하며

절따라 산을 찾을 때
문득문득 만나는 부도탑
절 담장 밑이나 외진 연못 터 위에
들꽃을 보며 서있는 탑

한 시절 대중들의 지도자였고
절 집안의 어른이셨던 큰 스님들
한 조각 탑돌에 이름 새기고
사리와 뼛조각 남기신 방석크기만 한 자리.

시절인연 고고해도
남기신 공안 남기신 말씀
어찌 잊으랴.

허리 굽혀 예경하고
탑사에 앉은 이끼돌 닦으며
늘 미소로 맞아주던 그 시절의 모습 그리워
돌아서면서도 합장하고
다시 일주문 나서며 부도탑 향해 합장하네.

월악산 주목나무

마의태자와 덕주공주 전설 깃든
월악산 덕주사
주지스님이 불러 주신 진돗개를 따라
산정에 올랐다.

천년 낙엽 쌓인 계곡을 굽이굽이 오르다보니
뼈만 오소소 남은 주목나무
전장의 비목처럼 이정표가 되었네.

살아서 천년
죽어서도 천년을 산다는 나무
반도의 중심에서 그동안 듣고 깨친 이야기
얼마나 되었는가

그대가 부처일세
한자리에서 해탈의 경지 넘어섰으니
그대가 역사일세.

먹감나무 탁자

공주의 산자락에서 뵌 노스님
30여년이 지나 시집 한 권 올려드렸더니
지나는 길에 들리라는 편지 주셨다.

법회집전과 기도소임
하루도 거를 수 없는 일
며칠 휴가라도 있으면 뵐까

옛절 전라도 다녀오는 길에
마당 쓸고 계신 노스님 뵈었더니
반갑게 맞으며
절 마당에서 기른 녹차 우려 주신다.

스님이 60여년을 만들어 지고 다니시던
까만 먹감나무 탁자
동자상도 그리고, 관음도 그리고
문수동자 그리우면
조각칼로 밤을 새워 조각하던 스님
그 탁자를 주고 싶다하셨다.

스님의 유물 받는다 한들
이고 있을 수도 없는 일
운수납자 수십여 년이 가까워도
내 몸 누일 곳만 겨우 얻어
동가식서가숙 하던 시절 잊고 있는데

세상인연 맺으려는
노스님의 유지 받들기 어렵고
나의 진면목 돌아보니
아직 뜰앞 아카시아나무에
파랑새 울지 않고
미륵불 허리에 슬어놓은
총총총 풀잠자리 알만 세고 있네.

송산 큰스님

"─부지런히 정진하라!"
"─늦었다고 생각될 때 시작해라!"

일본에 유학하시며 박사학위 준비하실 재
건강을 해치시고
귀국해 종로 여관방에서
쓰러지신 큰스님
알고 지내던 법사님과 잣죽, 영양죽 지어 올릴 때
철부지 학생이 귀여우셨던지
스님 되겠다는 말에
그리 말씀하셨다.

우란분절 녹야원에서 뵙고
인천 보각선원에서 뵙고
승가대총장으로 바쁘신 중에도
불전佛典 구해 주시던 모습

수행이 깊지 못하고
배움이 일천하지 못해 서성이다가

큰스님 세상인연 놓으시고야
시절인연 그리워 울었지.

큰 인연 다시 지을 수 없고
그 하늘 다시 볼 수 없어
다라니만 외고 있네.
오늘도 이 차가운 법당에서.

자비사 혜성 큰스님

동진출가하시어
청담 대종사 상좌스님으로
10.27법란 때 고문 후유증으로
고생하시던 혜성 큰스님

군부대에 근무할 때
계를 주시고
연비하는 마당에서
내 어깨 다독여주시던 눈빛 고운 스님

장 파열로 창자를 끊어내고
뱃속을 세척해야 했다는 고문의 그 날
지옥의 체험을 했다며
웃던 그 모습
인욕보살의 모습이셨지요.

인연도 없는 젊은 중
계를 준 인연으로 찾아온 제자에게

털신과 누비겉옷 챙겨주시던
잔정이 많으셨던 큰스님

수행 부족해 가시고 나서도
늦게야 총총 사리탑에
눈물 떨구었습니다.

백옥 관세음보살님의 발광發光

수호불로 모시는 백옥 관세음보살상
우란분재 100일 기도 성만하기 전날
방안 가득히 빛을 나투셨다.

한 번도 경험하지 못한 관세음보살님의 발광
마치 달이 떨어진 듯
방안 가득히 환한 빛을 발하시던 발광
너무도 신기하고 놀라워
합장하고 바라보니
그리웠던 어머니 웃고 계셨다.

꼭두새벽 대중들이 깰세라
108배 이룰 때까지
그 환한 불빛 지지 않던 방안
하루 종일 연꽃 향기가 솔솔
샤프란 꽃향기가 솔솔

도반에게도 이야기 못하고
신기한 관세음보살님의 이적異蹟

처절히 간절하면 친견할 수 있다 했는데
이제 무엇을 더 간구하랴.

바르게 앉아
내 본성을 들여다본다.

승시 축제마당

산중턱 스님들의 장터
신라시대부터 고려시대까지
절 집안의 전통시장 승시마당.

스님들이 만든 발우와 수저, 젓가락
공양구와 산죽나무로 엮은 나무발까지
팔고 사고 나누며
재기도 겨루던 큰 축제마당

사물놀이도 여기서 전래되고
영산회상 나비춤도
여기에서 시작되었으니
범패작법 연등놀이
다시 재현하는 일 우리의 몫 아닌가.

먹거리 입을 거리
풍족한 우리 세상
발걸음 잠시 뒤돌아서보면 나눔 기다리는 손
해바라기 손처럼 많다.

등잔불

양초 한 자루 사는 것도 귀한 천년사찰
석유기름 10리터로 등잔불을 밝힌다
서울 인왕산에 있는 사찰

왕래 많은 도심 사찰
한 달 전기료 천5백만 원도 넘지만
한 달 7만5천 원 전기료도
3개월 밀려서 내는 한적한 절

비구니스님 두 분이서
인등불만 켜놓고
하루 한 끼 먹으며 절을 지키는
바위 밑 작은 암자
이빨치료비 가지고 있던 봉투 내려놓고
눈물지으며 내려오는데
문수동자 닮은 청설모 한 마리
상수리나무 건너뛰며
손을 흔드네.

동암선사 탑비

성북구 정릉 굽이굽이 아리랑고개 언덕위에
자리한 녹야원
용성조사의 전법제자
동암당 성수선사의 탑비가 있다.

양주 봉선사에서 인담선사를 은사로 출가하여
대각사에서 용성조사를 시봉하신
동암당 성수 큰스님.

이천에 살던 속가누이 내외
일찍 세상을 떠나자
전답을 팔아 녹야원 부지를 매입해
암자를 짓고 누이가 남긴 3자녀를 키우신 스님

지금은 스님이 기거하던 암자는 허물어지고
그 자리에 세워진 요양원에는
하늘 그리운 중생들 거친 호흡이 사납고
아카시아 우거졌던 산기슭에는

아득한 아파트숲이 수미산을 닮았다.

가끔 만행 중에 찾는 동암선사의 탑비
그의 속가 조카인 함재수 법사
청소년 포교에 매진하던 모습
지금은 노환으로 글쓰기도 중단하시고
오동잎 지는 마당가에
그리움만 오소소 떨어집니다.

녹야원 지학 스님

정릉 녹야원 중창불사
초상집 시달림으로 받은 시주로
회향하시더니
냉방에서 인욕보살 되시려 했나.

겨울이면
화장실과 대중방은 난방하게 하고
자신은 냉골 방에서
이불하나 쓰고 좌선하시던 스님.

"―공부는 열심히 하니?"
"―밥은 굶지 않고?"
"―내복 든든히 챙겨 입고 털신도 새로 사라"
형님처럼 아버지처럼
가슴으로 아껴주시던 스님

스님 처음으로 만행길 오르시던 나이
내가 그 나이가 되었는데
베풂도 나눔도 생각할 수 없는 빈승貧僧

기일이 되면
첫새벽에 모습 그리며 기도올리고
사바연의 기쁜 만남
또 다른 세상 꿈꾸며 목탁을 친다.

제 3 부

월령교를
지나며

재물준비

시장을 보러 가는 날
과일과 야채 떡이 전부지만
만든 사람 정성
준비하는 사람 정성
때깔부터 살펴야 하는 제사음식

물건 값 흥정 말고
준비하는 사람 마음 정갈하게
칭찬과 미소로
나물반찬, 과일 쌓기, 국사발 씻는 것부터
마음으로 정성으로 간절한 마음 담아
올린다.

다른 이의 제사 준비를 통해
나의 선업도 쌓는 시간
푸른 하늘이 보인다.

빈절 청련사

'스님, 제가 빈 절 하나 구해 드릴까?'
팔순의 청련화 보살님.

지하철에서 만나
빈승의 허허로운 모습 보셨을까
대뜸 그런 말씀 하신다.

가진 것도 없고
따르는 대중도 없는 언제나 신분은 기도승
빈 절 받는다 해도 무일푼으로
어찌 절 경영해 나간단 말인가?

'ㅡ감사합니다.
인연이 있으면 소임 맡을 수 있겠지요.'
대종사 큰스님 거처하시던 절
암으로 투병하시는 것을 아시고
후임 찾으셨던가 보다.

누구는 부처님 지켜주실 것이라 하고
누구는 부처님 뜻대로 기도하라 하시고

누구는 그냥 가슴으로 안아라 하시고
진눈개비 내리는 늦가을
한 끼 밥을 빌리기 위해
공양간에서
새벽부터 일하시던 누님
퉁퉁 부어
얼어버린 발등이 생각났다.

한중일청소년교류활동

완도 신흥사에서 발원하여 결실을 맺은
한중일 청소년문화교류
해상왕으로 무역의 왕으로
동남아를 주름잡았던 최고의 선단

장보고의 후예로
학생들에게 호연지기를 길러주고
국제적 감각을 살려
이시대의 주인임을 각인시키는 자리
일본에서 중국에서
서로의 존재 확인하고
문학과 춤과 음악으로
한마당 되어 즐기던 시간

'—스님, 고마워요.'
'—스님, 이제 제가 무엇을 해야 할지 알았어요.'
'—스님, 이제 게으름을 피우지 않겠습니다.'

모두가 환한 얼굴
마치 부처님을 만나고 온듯한 기쁨

왜 우리가 지금까지 이런 자리 만들지 못했을까
가슴으로 생각하고 보듬는 아이들의 미래
가까운 이웃나라 방문과 또래들과 어울림도
문화요 꿈을 키우는 촉매재이다.

다비장에서

뜬눈으로 지켜 본 다비장
'—스님은 어디로 가실까?'
하룻밤 하룻낮
그 한 생각으로 지켜본 다비장

'—스님, 불 들어갑니다!'
그 한마디에 법구에 불이 타오르고
스님이 설하신 그 장중한 음성도
목탁소리에 묻혀 가고
차츰 불길 따라 푸른 연기 소용돌이로 오르네.

작은 육체 하나 태워 무엇을 얻을 것인가
이승의 작은 인연도 돌아보면 부질없고
욕망도 번뇌도 한순간
마음속에 일어나는 불과 같은 것

그 불을 다시 찾아 내 몸을 사르고
한 줌 재를 만들어 흩어버리네.
그게 다비라고 가르치시네.

고욤나무 한 그루

조실스님 거처하시는 툇마루 앞에
늙은 고욤나무 한 그루

부처님말씀 듣고 자라
바람에 흔들려도
잎만 떨구고 늘 바른 자세

서리가 내려
가지마다 굵은 고욤열매 익혀놓고
까치도 부르고 박새도 부르고
가끔 가지 말리는 판자위에도
툭 툭툭

조실스님도 맛보실까
흰 구름 걸린 나무 끝에는
까치가 때를 알리고

덩~~~~~
고요를 깨는 범종소리
간밤에 내린 서리발이
오소소 부서진다.

춤추고 노래하고

조계사 큰마당
학인스님들의 장기자랑

천수경도 노래로 부르고
반야심경도 춤을 추며 부르고
노래로 춤으로 덩실덩실

어려운 경전 이렇게도
즐기며 배울 수 있는데
왜 글자에만 몰입하여 시간을 보냈는지

북을 치며 덩실덩실
경전을 노래하며 덩실덩실
구름도 내려와 처마 끝에서 기웃기웃
잠깬 풍경도 신이 나서 뎅그렁뎅그렁

함께 따라 외는 사부대중
함박웃음에 대웅전이 들썩들썩
부처님 미소도 그윽하시네.

일주문

합장하고 삼보에 예경하고
한 발 문지방 넘어서서
절 지키시는 사천왕께 예배하고

먼발치로 바라보는 가람과 탑 보며
다시 한 번 고개 숙이는 일주문

부처님과 스님들 친견하고
돌아서 갈 때도

부처님과 삼보은혜 기리며
사천왕님께 예배하고

일주문 문지방 나서서
다시 삼보님께 절 올리는 곳

일주문은 바람처럼 일렁이는
내 마음 다짐하는 문.

아기 천도재

인연으로 왔다가
사바의 하늘 빛 보지 못하고
스러져 간 아기들

저승나루 모래톱에서 놀며
인연 지어준 어머니 기다리는 이름 없는 아기들
금강경, 천수경, 열반경, 미타경을 독송해도
어찌 어미의 마음 이해하랴.

잠시 어미의 품안에 머물다가
떠나간 가엾은 영혼
지장보살님 반야용선에 태우시고
아미타부처님 배를 저어
꽃동산 부처님들 계시는 곳
왕생하다가
이 못난 어미 만나면 뭐라 할까

눈물이 마르고 무릎이 깨져도
어미의 천갈래 만갈래 찢긴 가슴
누가 알랴

아기의 이름 지어
명부전에 올리고
기도하는 엄마의 마음
예쁜 종이신과 종이옷을 태워 너를 추모한다
가엾은 우리아가.

초발심자경문初發心自警文

처음 불교에 입문하는 사람에게
권하는 불교도서
초발심자경문

지눌 원효 야운 스님이 지으셨다는 책

출가한 스님들 강원이나 불교학교에서
처음 배우는 입문서

인연의 소중함과 부처님의 진리
자비와 나눔
나의 미혹을 깨워
견성을 이루게 하는 예문과 가르침
승려가 되려는 모든 수행자가 읽은 책

'—스님 더 쉽게 배울 수 있는 책 없나요.'

어느 서적을 권할까
할머니도 아이들도

머리 자란 청소년도 상식으로 읽을 수 있는 책

포교일선에서 지켜본 불교마당
내가 써야 할까?

시작이 절반
지혜를 모아 그 원력 세운다.

월령교를 지나며

애틋한 사랑이야기
인연이야 어찌되었든 달빛 고고한 밤
월령교 위에서
달 한 번 바라보고
개울 속에 피고 진 달을 보며
원효의 구도여행 생각한다.

조사선을 익히지 않고도
달마선을 배우지 않고도
해탈의 경지 이를 수 있을까

참구하는 새벽에
귀뚜라미 내 생사 궁금했는지
푸르르 날라 올라
어깨위에 앉는다.

달빛은 이그러지고
조복하고 선 나무들
그림자만 하나, 둘, 세고 있다.

생전 예수재

죽어 49재, 천도재 지내 듯
살아생전 자기를 위해
정성 다해 제사 지내는 생전예수재

명부시왕전에 덕을 쌓아
극락왕생을 간절히 발원하고
이승에서 지은 업장을 허물어
화락천궁에 나는 공덕
기도와 참회, 나눔과 보시로 성만한다.

내 주변의 여러 대중과 삼보에 공양하고
함께 발원하는 참회진언 염불소리

미륵의 서방정토 문을 두드리고
시왕전의 사자들
눈을 들어 바라보시네.

해안 철책 걷히다

1950년 한국전쟁 이후
동서 군사분계선을 연하여
설치되었던 철책을 걷어내고 있다.

금방 통일이라도 된 듯
신의주와 원산으로 이어지는
철길을 이을 모양으로 끊어진 철길을 살피고
서로 헐뜯고 비아냥대던
군사분계선 내에서의 선무방송도
이제는 그만 스스로 확성기 떼어 내리고
전방초소도 서로 철거 합시다
한걸음씩 뒤로 물러섭시다.

60여년 해안선을 지키던 철책도
훌훌 걷어내 말아놓고
탱크의 남진을 막던 전방 도로 곳곳에
댐처럼 높이 쌓았던 시멘트구조물
쿵쿵 찍어 허물고

어서 오세요 반가워요
도로도 널찍하게 닦아놓았네.

정전이후 한 순간이라도 적화통일
북한은 그 기치 내려놓지도 않았는데
무엇을 믿고 스스로 무장을 해제하는지
고지에서 산화한 호국의 영령
흙빛이 되어 일어서고
산위에 불던 소슬바람
"야, 이 미친놈아! 정신 차려!"
함성처럼 다가와 소리치고 사라지네.

해안가 철책도 사라지고
연평도도 마음만 먹으면 한나절이면
점령한다고 호언하던 저들의 만행 잊기라도 했나
상륙정 상륙을 막으려고 설치한 구조물
이제 치우라는 목소리도
연평도에서 들려온다니
가슴 떨리고 잠을 자던 사람도
벌떡 일어서 밖을 내다본다.

아, 언제 이 안보 불감증에서 벗어날까
전쟁을 겪어보지 않은 세대
너무 낙관적인 위정자들
꿈은 크고 우리가 외면하는 현실은
밤이 더 길고
춥고 외로운 시간은 끝이 보이지 않는다.

현대역사의 오명汚名

여보시게 어찌 그 일 잊으라 하는가
군화발로 짓밟힌 도량을
자네는 보았는가?

다른 종교인들처럼 현실정치에
깊숙이 참여하여
사사건건 트집 잡고
반대 아닌 반대에 목청을 높여야
타협의 손을 내밀 텐가?

침묵하는 자가 무섭다는 사실
언제인가는 보게 될 걸세.
함성 지르고 거리로 뛰쳐나와
패거리를 짓는 것이
산 정치인 줄 안다면 잘못 본 걸세.

청정 수행도량이 짓밟히고
암자와 기도도량에 수행중인 선사들이
이유도 모르고 끌려가
고문과 폭행을 당했다면

이것은 종교탄압의 후진국에서나마 있을 정치폭거야.

어느 스님은 군화 발길질에 창자가 터져
긴급 수술을 받아야 했고
어떤 스님은 다리가 부러지고
얼굴이 짓 이겨져 봉합 수술을 받기도 했지.

10.27법란 잊으라고?
어찌 그 일을 잊으란 말인가?
용서하고 자비로 참회의 길을 일러주라고 해도
가슴 한 가운데 응어리진 슬픔
삭이기에는 아직도 몸이 떨리는데
어찌 그 일을 잊으란 말인가?

사변이라고 할까?
정치 모리배들이 종교를 무자비하게 짓밟은 폭거
어찌 용서를 할 수가 있을까?
삼보의 은혜 참스럽게 지키고
수행정진의 기쁨에 견성을 이루고자 노력하는
이 땅의 수행자들을 범죄자로 만든 그 날

그 날이 다시 오면 나는 분연히 일어서
그들과 전쟁을 할 셈일세.

이제는 가슴으로 이야기할 시간
내게 용서하라고
잊으라고만 말하지 마시게.
그러기에는 가슴으로 삭힐 분노가 아직 식지 않았네.
그 더러운 정치 모리배들의 탄압에
맞서지 못한 약하디 약한 내 모습이 정말 부끄럽다네.

10.27 법란을 아시는가

모르시나
아니면 침묵하시는 것인가?
무어 자랑스런 일이라며
까발려 그 치욕스러운 참상
들춰내 좋을 게 뭔가 말하고 싶으신가?

울어도 시원치 않고
뼈가 으스러지고
장기가 터져 실려 가서도
용서한다고 자술서를 썼던 스님들
죽음이 바로 앞이라
어쩌지 못하고 몸부림 고통 절망

아무런 잘못도 없이 끌려가
거꾸로 매달려
고춧물을 들이키며 헛구역질에 기침 토해내던 날
신라의 달빛도 스러지고
분황사의 절집 개 동경이도 짖었답니다.

침대 철재봉으로 두들겨 맞고
손가락에 연필 끼워 돌리는 고문
물속에 머리를 처박거나
서치라이트 불빛을 비춰 시력을 잃게 하는 고문
사바중생의 구제서원 세우고
시주금으로 불사를 하고
나눔보시를 하는 것이 무슨 큰 죄가 된다고
그때 우리 큰스님들
똑바로 걸어 나오신 분 몇이나 되시나요?

10.27법란 모른 체 하지마세요
우리가 잊으면
또다시 악마는 그 꿈을 기억해내고
성스런 도량을 요절낼 날
기다리고 있을 테니까.

아, 참혹하고 비참하고 무력했던 그 날
부처님의 금강역사가 그리웠던 날
그 날이었습니다.

군병이 일어서 석탑을 이다니

군병軍兵이 일어서 석탑石塔을 이고 있으면
법의 실상 연못에 떨어져
달을 비추던 그림자도 잠긴다.

천추만대에 전해질 제불보살과 천하종사
선지식이 가르친 금강 같은 법문
오롯이 언제나 살아남을 진리

죽음으로도 바꾸지 못하고
온갖 박해에도 고치지 못하는
팔만사천 그 오묘한 부처님의 말씀

역사가 흘러 1600년이 지나
군병의 만행에 청정 수행도량이 무너지고
심청정시불心青正時佛 수행승들이
고문 속에 뼈가 으스러지고
창자가 터져 생사의 기로에 헤매일 때
시대를 거슬러 삼보에 의지해
정치참여를 하지 않은 죄일까
오로지 종교의 참 법을 추구해온 때문일까

통성기도로 부처님을 불렀었다.

무엇이 그들을 악마의 화신으로 만들었을까
무엇이 그들을 아비무간지옥행을 예비하게 했는가
시절인연의 참혹한 10.27법란
그 어느 시절 종교집단이
이처럼 잔혹하게 정권으로부터 짓밟힌 적이 있었던가

자비의 은혜 가득한 도량
그 수괴를 받아 들여 비닐하우스 법당에서
참회와 속죄의 말을 하게하고
용서와 회개로 감싸 안으니
산비둘기 오대산을 울며 날고
수미산을 돌아온 흰 구름
설악산 봉정암 석탑에 걸려
아직도 대다라니 외고 있구나.

스님, 간첩이오?

가슴 서늘한 그 말
"—스님, 간첩이오?"
큰 스님은 낯선 사내 넷에게 끌려가
고문을 받으시고
그런 질문을 받았단다.

"—나이가 들어 신도를 가르치기도 힘듭니다."
"—돈 얼마나 해 먹었어?"
"—해 먹다니요?"

다짜고짜 군화발길질에 각목으로 두들겨 패기
주먹으로 맞은 볼에서는 피가 흐르고
이빨 한 개는 빠져
피가래와 함께 뱉어지는데
"—좋게 끝냅시다. 사실대로 불어요."

종단 직할 사찰
뭐 하나
맘대로 할 수 없는 절
통장과 도장 하나 들고 있다는 죄로

짓이겨 지다시피 밟히고
맞고 내장속의 똥물까지 뱉게 하는 고문
여기가 바로 목련존자가 보신 지옥이구나
여기가 연옥이구나.

내가 사바의 인연 다하지 않고도
연옥을 체험하니
얼마나 고마운가

터진 창자 부여안고
병실로 옮겨진 큰스님
창자를 70센티나 잘라내고
인대가 끊어져 절름발이로 살다가셨다.

10.27법란 아는가
불법이 유린되고 도량이 짓밟히던 그 날
수행자여 그대는 맞서 싸웠는가
가람을 지키다 순절했는가.

아직도 법란의 그림자
"─중놈들 아직 정신 못 차렸어.
축첩에 술 고기 먹고 개판 오 분 전이야."
지하철에서 웃으며 나를 보던 국군장교 다섯 명
주먹이 떨려 이를 악물었다.

이제 우리 불자들도 촛불을 들고
분연히 시국집회도 나서
현실정치에 참여해야 하나?
금강역사, 지국천황의 창검이 부르르 떤다.

크고 고마운 공양

엄마에게 업힌 아기가 내민
비스킷 한 조각

폐지 줍던 노보살님
마시려던 야쿠르트 한 개

호박잎 깻잎 돈부콩 팔던
노점상 할머니
식사대용으로 먹던 옥수수 반 토막

큰 세상을 얻을
크고 고마운 공양이다.

식장산의 석종

먹고살기도 힘든 시절
늙은 어머니 모시기 위해
식탐 많은 어린 아들
산에 묻으려던 젊은 부부가 있었지.

자식은 버리고도
다시 낳을 수 있지만
부모는 한 번 가시면 모실 수 없다

아내는 아기를 업고
남편은 삽을 들고 무덤 지으러 가는 길

   ─ 엄마엄마, 우리엄마 나 죽으면 울지 마
    달빛지면 밤새소리 무서워도 울지 마!

아내의 울음소리도 잦아들 때
무덤 파던 삽 끝에 걸려 나온 작은 석종 하나
아, 부처님의 뜻이로구나.

아기 안고

그 석종 메고 와 처마기둥에 걸어두고

밤과 낮으로 치고받으니

종소리 하늘을 울려

임금님도 찾아와 공양하시었네.

부처님 내게 오시면

부처님 내게 나투시어 물으신다면
불행했던 속세인연 원인부터 여쭤보고
내 걸어온 발자국 지워도 되느냐
여쭙고 싶네.

부처님 내게 오시어 원하는 일
물으신다면
그동안 절밥 축낸 인연 감사드리고
견성도 아니고 해탈도 아니고
사람의 도리 성직자로의 도리
바르게 하는 길
알려 달라 하겠네.

부처님 내 손 잡고 다시 물으시면
일찍 여읜 부모님
효도 다하지 못한 죄를 빌고
목련존자께 빌려드린 가사와 발우
주장자 빌어서

지옥이라도 올라가 자식 된 도리
하고 싶다 여쭙겠네.

부처님께서 내게 욕심 많다 꾸짖으시면
엎드려 기는 짐승 되어도 좋으니
마음 비우는 법 알려 달라 하겠네.

내 이승을 떠날 때

사바세계의 인연 다하고
훌훌 세상 떠날 때
난 웃으며 반야용선 탈 듯하다.

수십여 년 수행자로 이 절 저 절
바람 따라 발심수행자들 이끌었으니
크게 죄를 지은 일 없고
닭 벼슬보다도 못한 소임 맡은 일 없으니
삼보정재 축낸 일도 없다.

인연지은 스님들 입던 가사 장삼 물려받아
세탁해 입고 손질해 입고 매월 받는 용채 모아
나처럼 어려운 시절 배움 갈망하는 아이
장학금으로 주니
이것이 인간방생이라

부처님처럼 걸식하지 않고
밥을 얻으니 감사하며
공부할 시간 많아 경전 더 읽었으니 고맙고
절 옮길 때마다 인연지은 사부대중

그리워 때 되면 공부하던 시절인연
그리워하며 수행가풍 이야기 한다하니
얼마나 큰 자산인가

욕심내지 않는 것은 어릴 때부터의 천성이요
내 아는 대로 마음보이니
가끔 세상으로 이끄는 유혹에
설레임 갖는 게 흠이다

내 주검 흙이 되어 돌아간다면
모감주나무 노랑꽃이 되거나
배롱나무 붉은 꽃 되어
한 시절 절 마당을 지키며
바람소리 듣고 싶다

탁발托鉢

탁발은 부처님의 수행법 중에 하나
걸식을 통해 공양의 참 도리 일깨우고
승려는 걸식을 통해
음식의 소중함을 알아야 한다.

부처님처럼 일곱 집을 들러
밥을 얻고
허기만을 면하고 수행하는 탁발
언제부터인가 탁발을 우리나라에서 금지했다.

스님들 스스로 평안을 도모해서가 아니고
게을러서가 아니고
걸식을 통해 성직자의 모습
추하고 비루해보여서일까

바리때 들고 사찰 나서는 승려의 행렬
미얀마나 태국, 스리랑카의 아침풍경
지극한 마음으로 음식 만들어
승려에게 공양하는 바른 자세
부처님 실천하신
탁발공양의 참모습이다.

함안 너덜샘의 연꽃

칠백년 전 사찰 터
너덜샘 진흙 뻘이 감춘 연꽃 씨

시절인연 거슬러
이제 내어줄 때 알았나

눈 밝은
인연 있는 거사님
진흙 뻘에서 연꽃 씨 주웠네

햇살을 익혀 꽃을 내어주니
아라연꽃
칠백년의 햇살이 만든 색깔 보여주네.

군자란

잎 넓은 군자란 손바닥과 팔 펼쳐들었다
가슴을 안을 수 있는
가슴 큰 어른의 자비

진눈개비 휘몰아치는
엄동의 창가에
고고하게 바라보는 황금색 꽃
왕관 쓴 모습이 부처이다

손 시린 나무들
발 시린 나무들
뜰 앞의 절기 바라보며
심판하는 염라부의 사자처럼 지켜본다

세월을 이긴 일월이
빗살 한줌 뿌리고 간 날 오후
바람의 수염이 얼었다

드론으로 보는 세상

사람으로 태어나
눈을 들어 올려다보거나
가끔 산정에 올라
세상 풍경 내려다보는 여가餘暇의 꿈

내가 앉은 자리
내가 가고 있는 자리
내가 지나온 자리
선명하게 바라볼 수 있다면
인과의 결실, 업의 그림자
눈을 감고도 알 수 있을 것을

서있는 자리 빈틈 보이고
물가도 축대 밑도
나무의 자리도
그 사잇길에 개미처럼 돌고 도는 한나절
부질없이 경전만 읽는
눈먼 소경의 앞자락에 흘린 콧물이
탱화를 그렸다

바람의 심장

바람은 울음소리로 만들어졌다
웃는 소리가 아니라
억울하고 한스러워 참지 못해 만들어진
가슴을 태워 만든 울음

울화로 만들어져 거칠고
한으로 뭉쳐졌기에 소리도 우렁차지
그걸 알면서도
그걸 느끼면서도
다시 울음을 만드는 사람들

바다가 울고 산이 울고 땅이 우는 소리
태초에서부터 모아진 울음소리가
세상을 돌아
다시 푸른 세상을 만드는 걸
겨울 천둥소리 듣고서야 알았다면
거짓말이지

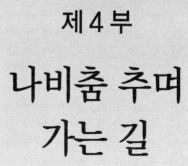

제 4 부

나비춤 추며 가는 길

허공虛空에 돌 세우기

자기 과시로 시작된 공덕
여울목의 물거품 같고

자랑으로 내세우는 보시
미륵불의 세계에서는
지나간 바람과 같다.

내가 지은 공덕 자랑 말고
마음으로 지은 공덕
부처님의 자비 보시
남모르게 실천하세

사바연의 짧은 삶
부처님 세상에서는 찰나의 연
짧은 삶과 빛나는 삶
내 지은 공덕의 탑 쌓기 나름이니
생기生氣하는 아침마다
나의 다짐 되새길 저.

인비록人祕錄의 말씀

인간이 죽어서 가는 길
그 여정을 기록한 인비록人祕錄

존재하는 것은 언제인가는 사라지고
아무것도 남지 않는다는
생자필멸生者必滅의 부처말씀.

인연이 있을 때
더불어 즐겁게 삶을 즐길 여유와
좋은 인연을 맺는 것
저승의 북 울리는 자명고이니
두려우면 나를 추억할 인연
나를 추모할 인연
나의 보시 실천행으로 이어보자는 말씀

인비록人祕錄은
나를 다시 살리는 말씀이다.

반야용선의 악착보살

저승나루로 떠나는 반야용선
겨우 닻줄을 잡고 매달려가는 악착보살

우리가 경을 배우고
우리가 부처님의 지혜 빌려 사는 것도
빈틈없는 나의 삶
살고자 하는 것

늦게 후회하고
통한의 눈물지으며 간구하지 말고
스스로 깨우쳐 참 진여를 아는 일
내가 사는 길이다.

친환경 소독제

불교의 교리
'살생을 하지 말아라!'
여름철 채마밭에 기생하는 벌레
법당을 찾아드는 모기와 날벌레
어떻게 물려야 할까

절집에서 자란 늙은 처사님
엉겅퀴뿌리와 자리콩 잎
산초와 설탕을 섞어 효소를 만들었다.

요사채의 방문앞 산죽나무발 위에도
남새밭 무 배추 상치 밭에도
분무기로 뿌리는 벌레 기피제
해충을 죽이려는 게 아니라
피하게 하는 지혜
절 집 사람들 여름을 나는 방법이다.

문을 바르며

한 계절 바람을 막아준 창호 문
가을 빛 좋은 날
묵은 종이를 떼내고
풀 쑤어 새 창호지를 바른다.

새 풀 마르는 냄새
방안 가득
탱! 탱! 소리를 내며 자리를 잡는 문구멍
살이 튼 아기볼이다.

홍련백련

절 마당에 수반을 놓고 심은 연
여름한철 홍련백련 피워
너른 마당 장엄하고

목탁소리에
찰랑찰랑 춤을 추던 연잎천사들
아침이면
합장한 연꽃송이 들고
꽃을 공양하네.

번뇌는 구름처럼

번뇌는 구름과 같다.
걱정도 집착하다보면 아픔을 만들고
아상을 만든다.

꿈이 욕심을 부르고
욕심이 자신을 허무는 병소病巢를 키우듯
번뇌는 마음속에 허깨비
산길 오르며
바윗돌 짊어지고 가는 석수쟁이이다.

고구마

조선시대 오랜 전쟁 중에 구황작물로
굶주린 배 채우게 했던 고구마
아무리 척박한 땅에라도
심어 놓으면 줄기를 뻗어 기세를 확장하고
알뿌리 키워놓는 뿌리 작물

이제는 건강식품으로
몸속 다이옥신을 배출시키는 유일한
식품이란다.

삶아 말려두고 겨울철 죽도 끓이고
썩은 전분도 모아 떡도 만들던
멀지 않은 그 시절
마을마다 굶어죽는 사람 있던
그 시절을 견디게 했던 고마운 채소이다.

불모佛母

부처님의 형상을 조성하는 일
거룩하고 보배로운 일이다.

조각으로, 주물로, 그림으로
그 형상을 만드시는 명인
이 명인들의 얼굴에서
영산회상 큰 자리가 보이고
영축산 부처님의 그림자를 본다.

늘 정갈한 모습으로
다듬고 갈고 채색하며
만인이 우러를 부처님 모습 만드는 일
하늘이 주신 능력이다.

그림자 밟기

발꿈치에 꼭 붙어서 나 가는대로
걷다가도 뛰어가는 몽당 그림자
해가 뜨면 키가 잘록 작아만 지는
내 그림자 밟으려다 깜짝 놀라요.

후렴) 그림자는 내가 할 일 알고 있어서
　　　나도 몰래 착한 일만 하고 있어요.

개구쟁이 동생처럼 나를 따르는
내 그림자 발꿈치에 붙어 다녀요.
해가 질 땐 키가 커져 나도 놀라는
동생 같은 내 그림자 함께 놀라요.

* 2018한국동요음악회 공연작품

노래하는 바다

하늘아래 바다마을 노래궁전에
물고기들 노래마당 잔치열어요
철썩이는 파도소리 박수소리에
돌고래는 달리기에 신이났어요.

후렴) 노래하는 풍금소리 물풍금 소리
　　　하루종일 물속에서 울려 퍼져요.

소라고둥 피리소리 흥에 겨워서
미역줄기 다시마도 춤을 추어요
가오리가 너울너울 춤추는 바다
바다마을 소리궁전 놀러오세요.

* 2018한국동요음악회 공연작품

유등 꽃등 띄우기

1. 둥실둥실 띄워봐요 유등 꽃등 띄워봐요
   소원담은 유등꽃등 둥실둥실 띄워봐요
   별빛 밝은 그믐밤에 꽃등위에 촛불 밝혀
   흘러가는 강물위에 유등꽃등 띄워봐요.

후렴) 내가 만든 유등 꽃등 소원실은 예쁜 꽃등
       하늘나라 은하수에 별꽃되어 반짝거려요.

2. 내가 접은 유등 꽃등 강물위에 띄워봐요
   간절한 맘 예쁜 소원 둥실둥실 띄워봐요.
   이웃사랑 나라사랑 함께 사는 자비세상
   따뜻한 맘 사랑으로 유등꽃등 띄워봐요

* 2017년창작국악동요제 발표작품

꽃무릇 피는 우리 절

산골짜기 꽃 무릇 피면 부처님 오시고
꽃등 연등 수박등이 절마당을 밝혀요.
산새소리 정겨웁고 염불소리 정겨운
향기로운 우리 절에 놀러 오세요.

솔바람에 꽃향기가 향기로운 봄날에
숲길따라 오색등이 숲속절을 밝혀요.
큰스님의 염불소리 아득하게 들리는
아름다운 우리 절에 놀러 오세요.

* 제8회BBS어린이청소년창작동요제 작품(노순덕 작곡)

염불을 하다보면

염―불을 하다보면 혜안이 열리고
다라니를 외다보면 지혜가 열려요.
대웅전에 정좌하고 명상에 들면
가슴으로 다가오는 부처님 음성
우리 함께 염불해요 간절한 마음으로.

경전을 읽다보면 법열이 일어나고
손 모아 기도하면 혜안이 열려요
간절한 마음으로 예배드리면
나도 몰래 찾아오는 부처님향기
우리 함께 예배해요 거룩한 부처님께

* 신작찬불가제32집 '거룩한 법당' 수록작품(노순덕 작곡)

부처님 그리기

법사님이 들려주신 부처님 말씀
머릿속에 생각하며 그림을 그려요.
아픈사람 고치시게 약병도 들고
모든사람 소원듣게 큰 귀도 함께

스님께서 들려주신 부처님 말씀
법우들과 뇌이면서 그림을 그려요.
눈을 감고 명상하는 거룩한 모습
물감찍어 도화지에 쓱쓱 그려요.

* 신작찬불동요집 제33집 '부처님을 만나면' 수록(오세균 작곡)

우리들의 전통놀이

우리들의 전통놀이 재미있는 민속놀이
제기차기 무등타기 말뚝박기 술래잡기
연날리기 자치기에 기마전에 줄다리기
동네친구 함께놀던 재미있는 전통놀이

후렴) 잊지마요 우리 전통 재미있는 전통놀이
　　　오래오래 전해져요 우리들의 전통놀이

재미있는 민속놀이 우리들의 전통놀이
사방치기 수벽치기 줄넘기에 윷놀이도
호기놀이 관등놀이 고소놀이 땅따먹기
함께하면 재미있는 우리들의 전통놀이

＊ 2017창작국악동요제 발표작품 : 송인세 작곡)

부록

경전개작동화와 세미나 자료

승냥이 재판관과 물고기

법 공

어느 강가에 승냥이 부부가 살았습니다.

갓 결혼한 승냥이 아내는 가끔 강기슭을 거슬러 오르는 붉은 물고기가 먹고 싶었습니다. 그래서 하루는 남편에게 붉은 물고기를 구할 수 있는 방법을 물었습니다.

"여보, 오늘 강가를 거슬러 오르는 붉은 물고기를 보았답니다. 살찐 그 고기를 먹으면 예쁜 아기 승냥이를 낳을 것 같으니 그 고기를 잡을 수 있는 방법을 알려주세요."

"붉은 물고기? 아, 봄비가 내린 뒤로 물고기들이 강물을 따라 많이 오르더군. 걱정 마시오 내가 붉은 물고기를 먹게 해주겠소."

"정말요? 아이 기뻐라. 당신 정말 약속하신 거예요."

"그래. 약속해. 내가 그 붉은 물고기를 잡아다 주겠소."

남편 승냥이는 빙그레 웃으며 버드나무가지가 늘어진 숲에 사는 늙은 승냥이들을 생각했습니다. 그 늙은 승냥이들은 강가의 버드나무 밑에 숨어 있다가 붉은 물고기를 자주 잡는다는 이야기를 했습니다.

남편 승냥이는 이 늙은 승냥이 곁에 있다가 그들이 물고기를 잡으면 꾀를 내어 그 고기를 빼앗으면 되겠다고 생각한 것입니다.

하루는 남편 승냥이가 풀밭에서 개구리를 잡으며 쉬고 있었습니다.

그런데, 마침 버드나무 숲에서 승냥이들이 다투는 소리가 들렸습니다. 가만히 귀를 모아들어보니 두 늙은 승냥이들이 자기 몸집만큼이나 큰 붉은 물고기를 잡아놓고 공평하게 나누는 법을 이야기하며 다투는 것이었습니다.

그때 슬그머니 남편 승냥이가 다가섰습니다.

"두 분 어른들께서는 지금 무엇을 가지고 다투시고 계십니까?"

그러자 고기를 제일 먼저 발견하고 꼬리를 잡고 있던 승냥이가 말했습니다.

"점잖은 젊은이여 우리는 이 붉은 물고기를 잡고 어떻게 하면 공평하게 나눌 수 있을까 의논하고 있었다네."

"아. 그러시군요. 저는 저 망고나무 숲에 사는 승냥이 재판관으로 이런 일은 아주 공평하게 처리해 드릴 수가 있지요."

그 말을 들은 머리를 잡고 있던 승냥이가 기뻐하며 말했습니다.

"그래요? 우리에게 행운이 따르는가 보오. 모처럼 큰 물고기도 잡고 당신 같은 훌륭한 재판관을 만날 수가 있다니. 이리 오시오. 이리 와서 우리 논쟁을 속 시원하게 해결하여 주시오."

"알겠습니다."

그런데, 이 늙은 승냥이들이 잡은 붉은 물고기는 거의 1미터도 넘는 보기드믄 큰 고기였습니다. 두 승냥이는 머리와 꼬리를 잡고 혹시나 이 고기가 도망칠까봐 또 한편으로는 상대 승냥이가 고기를 더 움켜쥐고 있을까 노려보면서 꼭 움켜잡고 있었습니다.

남편 승냥이는 꼬리를 잡고 있는 승냥이에게 물었습니다.

"어르신은 처음 고기를 잡을 때부터 고기의 꼬리를 잡고 계셨습니까?"

"왜 아니겠소. 처음 물속에서 이 고기를 움켜쥐었을 때부터 꼬리를 잡고 있었지. 그러지 않았으면 아마도 이 물고기는 벌써 달아나고 없었을 것이오."

"아. 그렇군요."

남편 승냥이는 고개를 끄덕이며 이번에는 머리를 움켜쥐고 있는 늙은 승냥이에게 물었습니다.

"어르신, 어르신은 처음부터 이 물고기의 머리를 움켜쥐고 계셨습니까?"

"아니야, 저 친구가 먼저 물고기 꼬리를 잡고 힘이 달려서 물고기에게 끌려가고 있을 때 내가 강으로 뛰어들어 물고기 머리를 움켜쥔 거지. 그래서 둘이서 이 물가로 고기를 끌어낸 거야."

남편 승냥이는 머리를 끄덕이며 어려운 판결을 해야 하는 것처럼 물고기 주위를 몇 번 돌다가 손바닥을 탁 치며 말했습니다.

"지금 어르신들은 제게 공정한 판결을 원했습니다. 망고나라 재판관으로서 저는 공평하게 이 고기를 나눠드릴 것입니다. 하지만, 판결에 불만을 표할 수 없으며 이의를 제기할 수 없다는 것을 약속하실 수 있겠습니까?"

남편 승냥이는 물고기의 머리와 꼬리를 잡고 있는 늙은 승냥이들에게 말했습니다.

"그야 물론, 재판은 재판이니까."

"난 젊은이를 믿소. 올바른 판결을 해 줄 것이라고 믿어요."

그제야 남편 승냥이는 잠시 망설임도 없이 큰 칼을 들고 와서 머리와 꼬리, 몸통으로 물고기를 세 도막으로 잘라놓고 말했습니다.

"자, 나의 판결은 이 것입니다. 꼬리를 잡고 있는 어른께서는 꼬리를 가지십시오. 처음부터 꼬리를 잡고 계시지 않았습니까?"

"그렇지. 꼬리는 내 것이야."

남편 승냥이는 머리를 움켜쥐고 있는 늙은 승냥이에게도 말했습니다.

"어르신, 어르신은 저 어른이 물고기 꼬리를 잡고 물속으로 끌려가고 있을 때 강물에 뛰어들어 물고기의 머리를 움켜쥐어 잡으셨지요?"

"허허. 이 젊은이 두말 하면 잔소리지. 아까도 내가 이야기하지 않았던가?"

"그래서 저는 현명하게 판단해야 한다는 것을 말씀드리고

자 합니다. 어르신은 머리를 잡고 계셨으니 저기 잘라놓은 머리 부분을 차지하시면 되겠습니다."

두 늙은 승냥이는 공평한 판결 같지만 무엇인가 억울한 마음이었습니다.

물고기의 머리를 잡고 있던 승냥이가 말했습니다.

"머리와 꼬리는 우리가 각각 나누어 가졌지만, 저 맛있는 물고기의 몸통은 누가 갖는 것인가?"

"그야 제가 가져야지요."

"뭐라고? 네가 갖는다고?"

"예. 이 몸통은 두 분이 아침부터 다투던 다툼의 원인이기도 하지만, 두 분중 누가 차지하든 싸움의 소지가 있기에 제가 갖는 것입니다."

남편 승냥이는 물고기 몸통을 물고 집에 돌아와 아내에게 그 붉은 물고기를 먹게 하였습니다.

물고기의 꼬리와 뼈만 있는 머리를 잡고 있던 승냥이는 그제야 자신들의 어리석음을 깨닫고 말했습니다.

"아, 우리들이 어리석었다. 작은 욕심 때문에 며칠을 배부르게 먹을 수 있는 고기를 잃고 말았다."

"그래. 우리가 괜한 욕심 때문에 많은 것을 잃었다."

그 늙은 승냥이들은 물고기의 꼬리와 머리살을 핥으며 분한 마음을 삭히고 있었습니다.

이때 노래하는 새들을 어깨에 앉히고 이 승냥이들을 바라보던 나무의 신이 말했습니다.

"오랜 옛날 이 세상에 부처님이 계실 때에 수행하던 스님들이 작은 욕심 때문에 옷도 이불도 발우도 욕심 많은 비구에게 빼앗겼던 일도 있었단다."

새들은 어깨를 맞대고 나무의 신이 보고 들은 욕심 많은 스님 이야기를 들었습니다.

나무의 신은 부처님의 제자 중에 우파난타라는 계율을 잘 지키기로 소문난 제자 이야기를 소곤소곤 들려주었습니다.

"우파난타는 계율을 잘 지켰지만 욕심이 많았단다. 그래서 주변에 수행하는 스님들이 예쁜 발우를 가지거나 새 가사를 입은 것을 보면 소리 없이 찾아가 말했단다."

"그대는 부처님의 제자로 들어와 수행하며 이렇게 훌륭한 옷을 입고 예쁜 발우를 지니고 있으니 욕심이 태산 같습니다. 이런 욕심을 마음 가득히 가지고 있으니 언제 성불하시겠습니까?"

젊잖게 꾸짖는 것 같으면서도 계율을 들먹이는 우파난타의 말을 듣고 모두가 일어나 예배하며 말했습니다.

"존자여, 제 어리석음을 용서하여 주십시오. 제 작은 욕심이 성불하는 걸림돌이 되었습니다."

수행하는 스님들은 새 옷을 벗고 예쁜 발우도 우파난타가 끌고 온 수레에 던졌습니다. 그리고 공동묘지에 가서 시체를 감쌌던 분소의를 입고 흙으로 빚은 발우를 들고 공양을 얻으러 다녔습니다.

그런데 정작 아파난타는 그가 수레에 모아온 옷과 방석, 이불 중에서 제일 좋은 것을 깔고 베며 지냈습니다. 그래서 많은 스님들이 아파난타를 비난하는 소리가 들려왔고 마침내 부처님의 귀에까지 전해지게 되었습니다.

기원정사에서 명상중이시던 부처님은 정사를 나와 대중들이 있는 숲으로 오시어 우파난타에게 말했습니다.

"남들에게 설법을 할 때는 먼저 자신이 바르게 실행한 뒤에 훈계해야 한다. 우파난타의 행위는 훈계가 아니라 약탈이다."

이 말씀은 훗날 법구경 속에 엮은 게송 제158화로 알려진 법문이 되었습니다.

> 무엇보다 먼저 자기 자신을 바른 위치에 세워 두어라
> 그리고 다음에 남을 교도하여야
> 현자는 그 몸을 더럽히지 않는다.

부처님은 그때 '논쟁으로 가난이 생기고, 논쟁에 의해 재물이 없어지니, 탐진치 삼독에서 벗어나 무명을 밝히는 지혜를 갖추라' 고 가르치셨단다.

나무의 신은 새들이 잠이 든 것을 알고 나뭇잎가에 일렁이는 바람을 자게하고 어둠으로 새들의 날개를 포근하게 덮어주었습니다.

◐ 생각 키우기

이 법문은 부처님이 기원정사에 계실 때, 아파난타가 계율을 빗대 비구들에게 약탈하는 일화를 들으시고, 그의 전생과 현생을 살펴서 탐진치 삼독을 설명한 본생경 권 **제3권 400화 '답바 풀꽃의 전생이야**

기'를 고쳐 쓴 동화입니다. 이 동화를 통해 부처님은 우리에게 다른 이를 계도할 때는 자신이 말한 사례와 같이 진실하고 모범된 생활을 해야 한다는 자기반성을 부탁하신 우화입니다. 자기를 돌아보지 않는 자만심과 우월감은 자칫 자기를 그르칠 수 있다는 교훈을 이 우화를 통해 배우길 바랍니다.

목련경의 동화성 연구에 관하여

법 공

　'불교의 효3경' 으로 분류하고 있는 '부모은중경' 과 '목련
경', '우란분경' 의 대강과 경전이 가지는 교훈적 의미, 그리고
이 시대에 꼭 필요한 부모에 대한 감사와 은혜를 가르치는 일
은 비단 종교지도자들뿐만 아니라 성장기 청소년들에게는 더
없이 필요한 과제라고 생각합니다.

　효행이 남달랐던 정조대왕은 한문과 한글을 같이 병행하여
김홍도에게 그림을 그리게 해서 백성들에게 부모의 은혜를 훈
육차원에서 가르치기 위해 '부모은중경' 을 간행한 일도 있습
니다.

　일찍이 부처님께서는 일체 중생들은 자기가 지은 업에 따라
태어난다고 하셨고, 육도윤회 하는 세상을 구분하셨습니다.
① 지옥세상 ② 아귀세상 ③ 축생세상 ④ 인간세상 ⑤ 아수라
세상 ⑥ 천상세상으로 설명하시고 광대한 세상의 크기를 말씀
하셨습니다.

　부처님은 하늘 세상에 태어났어도 자신의 근기에 따라 다시
윤회의 과정을 거치는데 이 육도를 윤회하는 것을 '육도윤회'

라고 하고, 이를 넘어서는 경지인(기독교에서 천국의 개념처럼) 영생하는 길을 불교에서 해탈이라고 가르치셨습니다. 아무런 걸림이 없는 세계를 말합니다.

우리가 스스럼없이 스님이나 대중끼리 인사하는 중에도 '성불하십시오.' '극락왕생하십시오.' 하는 축원의 말도 부처님이 설하신 '왕생요집' 의 말을 빌리면, 육도윤회를 벗어나기 전에 사후 잠시 안락과 평안을 가지는 도리천이나 도솔천에 나아 계시다가 인연을 만나 다시 태어나시라는 서원이지 목숨을 버릴 만치 처절한 수행이 없이 성불서원을 주문하는 것은 아닙니다. 그만큼 이생에서 해탈하기가 어려우니 극락에 머무는 동안 전생의 일체 업장을 소멸하여 해탈함도 불교 이념적 사고입니다.

그래서 우리는 현세의 고통을 관세음보살에게 의지하고 서방정토를 관장하는 아미타불에게 의지하여 극락왕생을 서원하는 것입니다. '나무아미타불 관세음보살' 을 입버릇처럼 염송하는 것도 현세에서 성불하기 어려우니 지극한 염불로 아미타불이 주관하시는 서방극락정토에 태어나 성불하겠다는 다짐인 것입니다.

'불교의 효 3경'은 왕사성 장자의 집안 적손으로 출생하여 유복한 어린 시절을 보낸 목련존자 집안의 일화를 빗대 극락과 지옥에 떨어진 아버지와 어머니의 위치를 고찰한 내용입니다.

부모의 은혜 10가지를 설명한 '부모은중경' 이나 지옥세상의 참혹한 모습을 그린 '목련경' 과 '우란분경' 은 살생을 금하고 보시나눔을 통해 더불어 살아가는 공동체의식이 처음으로 발현된 것이라 보여집니다.

이 경전의 생성은 부처님께서 성도하신 후 왕사성 수닷다 장자가 제타태자의 정원을 매입하여 지어 바친 기원정사에서 3안거를 마치시고 남방으로 전도여행을 떠나시면서 구체화된 일화를 결집한 것입니다. 이 경을 설하시기 이전에 부처님은 수닷다 장자의 며느리인 옥야를 통해 부녀자의 행실을 가르친 옥야 경을 설하셨고 부녀자에 이은 자식들의 마음가짐과 자세를 이 목련경을 통해 가르치려 하셨을 지도 모릅니다.

곽영석 법사님이 발제 논문 속에도 지적하셨듯이 부모은중경의 교화적 의미는 '부모를 잘 섬기고 처자를 사랑하며, 자신의 직업에 성실하게 임하면서, 이웃과 소통하는 화목한 삶' 입니다.

그런데도 많은 부류의 인간들이 이 평범한 삶의 굴레에서 벗어나 부모를 학대하고 심지어는 폭행하거나 요양원에 방치하고 심지어는 죽음으로 몰고 가는 행위도 있는 것이 요즘의 현실입니다.

시공을 뛰어넘어 2600여 년 전 부처님께서 교화를 하시던 때나 현재나 우리의 인간사의 삶은 크게 달라진 것이 없습니다.

부모는 자식을 잉태하여 10달 동안 품에 안아 기르시고 출생하면 진자리 마른자리를 갈아 뉘시며 자아를 깨닫고 성인이 될 때까지 온갖 정성을 다해 양육의 책임을 가집니다. 그러나 그 사랑은 성인이 되어 그 자식들이 성혼식을 가지고 대를 이을 자식을 낳아 길러도 편애하는 사랑은 끝이 없습니다.

지금은 캥거루자식이라는 말까지 등장합니다.

자식이 결혼을 했어도 독립하여 부모 품을 떠나지 못하고 의식주를 지원받으며 살아간다는 말입니다.

과거 백년만 해도 부모 자식 간의 애정은 현대보다도 돈독했고 부모를 모시는 행위는 인륜의 기본 도리로 알고 효도를 다했습니다.

각 사찰에서 부모은중경에 나오는 ① 잉태한 애기를 지키고 보호해주신 은혜(회탐수호은) ② 해산에 임하여 고통을 받으신 은혜(임산수고은) ③ 자식을 낳았다고 근심을 잊으신 은혜(생자망우은) ④ 맛있는 음식을 골라 먹이신 은혜(인고토감은) ⑤ 마른자리에 아기를 눕히고 진자리에 누우신 은혜(회건취습은) ⑥ 젖을 먹여 기르시는 은혜(유포양육은) ⑦ 청결과 씻어주시는 은혜(세탁부정은) ⑧ 자식이 멀리 가면 생각하고 염려하시는 은혜(원행억염은) ⑨ 자식을 위해 나쁜 일도 하시는 은혜(위조악업은) ⑩ 끝까지 자식을 사랑하시는 은혜(구경연민은)를 벽화로 그려 부모은혜를 기리게 하고 있습니다.

그리고 매년 칠월백중날에 행하는 우란분재를 불교의 5대 명절로 정하고 선망부모의 천도와 왕생극락을 위해 재를 지내고 있습니다. 이러한 의식을 통해서라도 비뚤어진 가족관을 정립하고 악행을 반성하며 내세에 대한 참회의 시간을 갖는다면 얼마나 다행한 일이겠습니까?

목련경이나 우란분경의 지옥묘사를 이승에 사는 인간들의

마음을 겁박하려는 사상적 진술로 강론하는 종교인도 있지만, 모든 인류지 대사가 우리가 알게 모르게 지은 업장대로 내가 받지 않으면 내 자식들이 그대로 받는 사실을 보면 인과의 법칙이나 윤회의 법칙과 같이 엄연한 사실임을 직시하게 됩니다.

이 두 경전에서 묘사된 부모 은혜의 크기를 견주어 설명한 많은 예화는 그만큼 은혜가 크고 무겁다는 뜻이기도 하지만, '나' 라는 개체 존재의 의미를 부각시킴으로써 혈육으로 이어진 인연의 소중함을 일깨우는 부분이기도 합니다.

더욱이 우란분경에서 각기 다른 지옥세계의 적나라한 부분이 장대한 스케일로 그려져 있고, 주동인물인 목련존자를 통해 사건을 해결해가는 과정을 보면 문학작품으로의 가치나 구성도 단테의 희곡 '신곡' 보다도 열려있는 공간이 크고 세계관이 확대되어 있으며, 보조인물인 지옥간수와 역할의 부여가 세심한 부분까지 묘사돼 있어 사실감을 더해주고 있습니다.

부처님께서 생전에 가르치신 팔만사천 법문 중에 효3경으로 귀결되는 부모은중경이나 목련경, 우란분경은 인간사의 보배경전입니다.

조선시대 이후 많은 사찰에서 벽화나 우란분재의 행사를 위해 많은 삽화가 그려지고 민간에서도 민화나 설화로도 많이 생성이 되었지만, 사후세계에 대한 고찰을 통해 '나 자신의 업의 그림자를 보는 업경의 역할' 로 생각하면 이 경을 대하는 자세가 달라질 수 있으리라 믿습니다.

현재 우리 불교집안에서는 일 년 행사의 하나로 우란분재를 모시지만 선망부모에 대한 천도재는 수시 봉행하고 있으며, 내 스스로 살아있는 동안 보시와 선업을 쌓고, 7대의 선망부모를 위해 제를 지내는 '생전예수재' 행사도 적극 권장하고 있는 행사이기도 합니다.

'우란분盂蘭盆'이라는 말은 말 그대로 '거꾸로 매달려 있는 죄인을 잠시 풀어 쉬도록 한다'는 뜻입니다.

악행의 과보는 언제인가 내가 받게 됩니다.

그리고 그 업장은 가깝게는 내 생전에 받기도 하고, 내 미래생에 받기도 하며 불시에 다양한 방법으로 내게 다가온다는 사실을 잊지 말아야 합니다.

제가 아는 어느 신도의 사례를 한 가지 소개하며 토론의 말씀을 마무리하고자 합니다.

몇 년 전 저는 땅 끝 마을 작은 절에 소임을 보면서 청소년 포교에 전념하고 있었습니다.

하루는 전복농사를 짓는 신도 한분이 찾아와 통성기도 하는 모습을 보았습니다. 늘 조신하신 분이라 절집 식구들이 의아스럽게 생각하였는데 기도를 마치고 사유를 물었더니 자신이 큰 악행을 저질러 그 과보를 받았다는 이야기를 하셨습니다.

그의 말을 빌리면, 전복을 채취하던 어느 날 사소한 다툼 끝에 발길질을 잘못하여 갓 시집온 이웃집 아낙의 배를 차서 유산을 하게 했다고 했습니다. 그리고 7개월이 지난 며칠 전 우연히 날아든 공에 맞아 집안에 있던 개가 유산을 하고, 고양이가 굴러온 돌에 맞아 실명을 하는가 하면, 아내가 뇌중풍으로 쓰러지고 막내아들이 갑자기 자다가 창자가 꼬여 수술을 받는 일이 있었다고 했습니다.

과연 이런 일련의 사건이 우연이라고 할 수 있겠습니까?

인과의 과보는 어느 날 갑자기 이렇게 다가와 평화롭던 가정을 한순간 불행하고 슬프게 만들기도 합니다.

부처님 말씀처럼 부모의 은혜를 저버린 자는 스스로 버림을 당하고 뭇생명을 많이 해친 자는 그 자손의 절손을 체험하게 됩니다. 당대에 미래 대에 아니면 자식, 손자 대에서 그 과보를 받는 일도 많이 보고되고 있습니다.

오늘의 주제가 이 경전을 청소년 포교교재로 개발하는 동화성 연구입니다

사례 한 가지 한 가지를 세심한 작가적 역량과 상상력을 모아 자라는 청소년들에게 은혜의 고마움을 알리고, 자비보시와 나눔을 실천하는 일상을 주문하고 싶습니다.

토론을 마치면서 본 주제를 발표하신 총장님께 한 가지 질문을 드리고자 합니다.

〈질 문〉

목련경을 통해 우리는 불교의 광대한 우주관의 대강을 부분적으로나마 이해하게 되었습니다.

이제 청소년들이 궁굼해 하는 보살님에 대한 질문입니다.

1. 지장경에 지옥중생을 구원해 주시는 지장보살님에 대하여 설명해 주시길 바라며

2. 밀교경전인 대승장엄보왕경에 육도중생을 윤회하는 구제자로 관자재보살을 찬탄하는 부분이 나옵니다.

관자재보살의 위신력과 공덕이 삼계를 윤회하는 육도중생의 구제 서원이 어떻게 발현되는지 설명하여 주시면 감사하겠습니다.

◇ 시집을 끝내며 ◇

바람결에 허물어지는 내 그림자를 돌아보며

　빈 수레를 끌고 가는 마부처럼 울림만 크고 인과의 열매는 크지 않은 세월을 밟고 온 듯합니다.

　시집 제3권 『길을 묻는 푸른 바람』을 내고 도반 스님들과 모시고 있는 송운당 현보 큰스님의 격려를 받아 다시금 글쓰기에 용기를 갖고 모두가 처음이라는 생각으로 다시 붓을 들었습니다.

　이 시집에는 그동안 절 집에서 생활하면서 저에게 직간접으로 수행생활에 각오를 되새기게 했거나 목표를 새워 정진하게끔 하신 큰 스님들과의 만남과 인연을 시편으로 갈무리한 원고 몇 편을 모았으며, 10.27법란을 주제로 한 시를 쓰다가 지금은 작고하셨거나 원로스님으로 계신 몇 분의 거울 같은 모습을 회고하는 원고를 정리하여 함께 담았습니다.

　지금으로부터 30여 년 전 일이요 내게는 철부지 어린 시절인데 곁에서 보고 듣는 느낌은 군인들과 경찰이 절집을 완전

히 박살내는 충격으로 다가왔던 일들이라 조심스럽게 그 날의 진동을 옮겼습니다. 다시는 되풀이 되지 말아야 할 사건이기에 우리는 그 일을 잊지 말아야 할 것이고 창피하고 분통 터지는 일이라 고문과 그 후유증으로 고생하시면서도 침묵하고 계신 많은 스님들의 고통을 함께 하고 싶은 심정이라 앞으로도 작품으로 틈틈이 적을 생각입니다.

배움이 일천하지 못하고 글재주도 부족하여 비유와 서사로 응축해야 할 많은 삽화가 즉설적 표현으로 옮긴 것도 앞으로 많이 다듬고 가필 정정하여 모두가 공감할 수 있는 작품으로 만들겠습니다.

그동안 수행승으로 이 절 저 절을 옮겨 다니다보니 제 그림자의 꼬리만 길어졌으나 하루 세끼 부처님 밥을 얻는 고마움을 보시와 나눔의 은혜로 되새깁니다.

이제 새로운 발자국을 내며 동행이 없이도 나를 찾아서 하늘을 보고 걷겠습니다.

이 책을 펴내기까지 수고해주신 대양미디어 정영하 편집장님과 서영애 사장님, 교정을 보아주신 청불련 도서윤리위원회 회원 여러분의 노고에 감사를 드립니다.

2018. 10. 12.
보문사 관음전
지은이 법공

법공 제4시집

뜰앞의 배롱나무

초판인쇄 · 2018년 10월 25일
초판발행 · 2018년 11월 1일

지은이 : 법공 스님
펴낸이 : 서영애
펴낸곳 : 대양미디어

출판등록 2004년 11월 제 2-4058호
04559 서울시 중구 퇴계로45길 22-6(일호빌딩) 602호
전화 : (02)2276-0078
팩스 : (02)2267-7888
E-mail : dymedia@hanmail.net

ISBN 979-11-6072-034-1 03220
값 12,000원

이 도서의 국립중앙도서관 출판예정도서목록(CIP)은 서지정보유통지원시스템 홈페이지
(http://seoji.nl.go.kr)와 국가자료공동목록시스템(http://www.nl.go.kr/kolisnet)에서
이용하실 수 있습니다.(CIP제어번호 : CIP2018033701)